童谣儿歌

歌谣会的新朋友

主　编　周国欣

副主编　刘丽萍

图书在版编目(CIP)数据

歌谣会的新朋友／周国欣主编. -- 苏州：苏州大学出版社，2024.9（2024.12重印）. --（阅读大课堂）. --ISBN 978-7-5672-4942-4

Ⅰ.G624.233

中国国家版本馆CIP数据核字第2024TT1516号

歌谣会的新朋友 GEYAOHUI DE XINPENGYOU

主　　编：	周国欣
责任编辑：	刘一霖
封面设计：	武　源　马晓晴　刘　俊
出版发行：	苏州大学出版社（Soochow University Press）
社　　址：	苏州市十梓街1号　邮编：215006
印　　刷：	苏州市越洋印刷有限公司
邮购热线：	0512-67480030
销售热线：	0512-67481020
开　　本：	787 mm×1 092 mm　1/16　印张：10.75　字数：80千
版　　次：	2024年9月第1版
印　　次：	2024年12月第2次印刷
书　　号：	ISBN 978-7-5672-4942-4
定　　价：	30.00元

若有印装错误，本社负责调换
苏州大学出版社营销部　电话：0512-67481020
苏州大学出版社网址　http://www.sudapress.com
苏州大学出版社邮箱　sdcbs@suda.edu.cn

歌谣会的新朋友

丛书总策划

朱绍昌

执行策划

顾 清 项向宏 刘一霖

特约顾问

纪学林

书香伴成长

小朋友,你现在拿到的这本盼望已久还飘着墨香的《歌谣会的新朋友》将默默地陪伴你快乐成长。

每日诵读一两首。拿到新书就开始行动吧!篇幅比较长的,每天诵读一首;篇幅比较短的,每天诵读两首。小朋友可以先跟着别人读,要读出节奏感,读出美感;然后借助拼音自己学着读,读过几遍后再流利地背诵出来。

经常扮个小演员。小朋友诵读童谣、儿歌时要善于把新学的内容有感情地诵读给别人听,还可以增加一些恰当的动作。在家每天诵读给家人听,在学校每天诵读给学习小组长听,让大家及时看到你的阅读成绩并分享你的收获和快乐,不断提高自己诵读的水平。

勇于登上大舞台。学习小组、班集体、学校都是小朋友的专设舞台。小朋友要乐于把自己朗读得最好的几首拿出去与其他人比一比。期中前后,小朋友要争取在学习小组里表现一次。这本书全部读完后,小朋友要力争在班级活动时展示一回。

人人坚信我能行。"书香伴成长"的后面为小朋友设计了"诵读小红花奖励区"。小朋友要按目录顺序,以四首为一组诵读给家人听,请他们根据你优秀的表现,及时给你戴上小红花(在图案中填上红色)并签名。等你把这本书读完,就请把你诵读得最满意的那几首的题目记录在奖励区的下面。

小朋友,用每天的坚持,塑造最优秀的自己吧!

诵读小红花奖励区

目录序号	诵读日期	小红花戴上啦	奖励人签名	目录序号	诵读日期	小红花戴上啦	奖励人签名
1-4		✿		45-48		✿	
5-8		✿		49-52		✿	
9-12		✿		53-56		✿	
13-16		✿		57-60		✿	
17-20		✿		61-64		✿	
21-24		✿		65-68		✿	
25-28		✿		69-72		✿	
29-32		✿		73-76		✿	
33-36		✿		77-80		✿	
37-40		✿		81-84		✿	
41-44		✿		85		✿	

我诵读得最满意的四首歌谣的题目是：_____

目录

| 大课堂　阅读指导 …………………………………… | 001 |

1. 月亮 …………………………………………………… 002
2. 十五月儿圆 …………………………………………… 003
3. 桂花 …………………………………………………… 004
4. 小青蛙 ………………………………………………… 005
5. 野花 …………………………………………………… 006
6. 小老鼠 ………………………………………………… 007
7. 大闸蟹 ………………………………………………… 008
8. 太湖美 ………………………………………………… 009
9. 荷叶 …………………………………………………… 011
10. 秋天 ………………………………………………… 012
11. 雨声 ………………………………………………… 013
12. 小河 ………………………………………………… 014
13. 雪花 ………………………………………………… 015
14. 海 …………………………………………………… 016
15. 小鸡 ………………………………………………… 017
16. 燕子 ………………………………………………… 018
17. 鸽子 ………………………………………………… 019
18. 满园菜 ……………………………………………… 020

19. 柳树条 …………………………… 021

20. 十个好朋友 ………………………… 023

21. 堆雪人 …………………………… 024

22. 不吃零食 ………………………… 025

23. 小球星 …………………………… 026

24. 炒芝麻 …………………………… 027

25. 妈妈 ……………………………… 029

26. 老师 ……………………………… 031

27. 大树 ……………………………… 032

28. 眼镜 ……………………………… 034

29. 好宝宝 …………………………… 036

30. 白鹭 ……………………………… 038

31. 上学 ……………………………… 040

32. 老家 ……………………………… 042

33. 吸尘器 …………………………… 044

34. 小石头 …………………………… 046

35. 小羊羔 …………………………… 048

36. 油菜花 …………………………… 050

37. 小麦地 …………………………… 052

38. 水果朋友圈 …………………………… 054

39. 数八宝 ………………………………… 057

40. 百花好 ………………………………… 059

41. 采莲直播间 …………………………… 061

42. 小小故事会 …………………………… 063

大课堂 交流分享 ……………………… 065

43. 无人机 ………………………………… 066

44. 小溪流 ………………………………… 068

45. "复兴号"动车组列车 ……………… 070

46. 小猴分西瓜 …………………………… 072

47. 小鸟散步 ……………………………… 074

48. 杨梅歌 ………………………………… 076

49. 小花猫 ………………………………… 078

50. 小木桥 ………………………………… 080

51. 枇杷谣 ………………………………… 082

52. 天亮了 ………………………………… 084

53. 满天的星 ……………………………… 086

54. 月光 …………………………………… 089

55. 星 ……………………………………… 091

56. 云 ……………………………………… 093

57. 天空的云 …………………………… 095

58. 小人国 ……………………………… 097

59. 雷电 ………………………………… 099

60. 天上的桥 …………………………… 101

61. 风 …………………………………… 104

62. 初春的风 …………………………… 106

63. 花香 ………………………………… 108

64. 河上 ………………………………… 111

65. 秋天的早上 ………………………… 114

66. 池塘 ………………………………… 116

67. 萤火虫 ……………………………… 118

68. 蜗牛看花 …………………………… 120

69. 燕子飞 ……………………………… 122

70. 金鱼 ………………………………… 124

71. 青蛙 ………………………………… 126

72. 瀑布 ………………………………… 128

73. 蒲公英 ……………………………… 130

74. 春风来 ……………………………… 132

75. 春花 ………………………………… 134

76. 菊花开了 …………………………… 136

77. 向日葵 …………………… 138

78. 几种树 …………………… 140

79. 小时表 …………………… 142

80. 欢迎新朋友 ………………… 144

81. 看错了 …………………… 146

82. 接力赛跑 ………………… 148

83. 放风筝 …………………… 150

84. 远足歌 …………………… 152

85. 蚂蚁 ……………………… 154

大课堂　快乐考评 ……………… 157

争当"最美乐读者" ……………… 158

大课堂

1. 走进"快乐读书吧"。请小朋友翻开新课本，借助拼音读一读，然后告诉其他小朋友，这一学期课本要求你们读什么书，你以前是否读过。

2. 跟着老师美美地读。请小朋友跟着老师朗读课本中的歌谣。读过几遍后，你可以试着美美地把它们背出来。以前，你在家里，在幼儿园，一定读过不少歌谣，把你熟悉的再美美地背给大家听听吧。

3. 我要"书香伴成长"。小朋友们怎么读好这本书呢？认真看看"书香伴成长"就明白了。看后一点一点地说一说你明白了什么。

4. 每天读书真快乐。从今天开始，小朋友每天都要按照老师的要求，读读这些优美的歌谣。在课上先听听老师给你们朗读几首，自己再试试看，比一比谁读得更好！

歌谣会的新朋友

1. 月 亮

叶圣陶

窗子外，月亮圆；
像个球，像个盘。
像个球，我来玩；
像个盘，我来端。

跟着大人读，要读得有节奏。

2. 十五月儿圆
shí wǔ yuè er yuán

叶 圣 陶
yè shèng táo

太 阳 下 了 山，
tài yáng xià le shān

月 亮 上 了 天。
yuè liang shàng le tiān

初 三 月 儿 弯，
chū sān yuè er wān

十 五 月 儿 圆。
shí wǔ yuè er yuán

要学着读得朗朗上口。

歌谣会的新朋友

3. 桂花

孟江南

金桂花，银桂花，
金秋花开满枝丫。
桂花糕，桂花团，
桂花美食香天涯。

桂花开了，去看看哪些是金桂花，哪些是银桂花。

4. 小青蛙

王亦诺

小青蛙，大英雄，
庄稼地里捉害虫。
冬天美美睡一觉，
春天醒来再出动。

你喜欢这首歌谣吗？为什么？

歌谣会的新朋友

5. 野花

肖春风

野花美，野花香，
不知名，照开放。
今年开过明年开，
年年开出好风光。

小小的野花，我们同样要爱护她。

6. 小老鼠

陶新意

小老鼠，上灶台，
掏米饭，扒锅盖。
小猫轻轻走来了，
老鼠骨碌滚下来。

你知道小老鼠还做过哪些坏事吗？

歌谣会的新朋友

7. 大闸蟹(dà zhá xiè)

蔡八鲜(cài bā xiān)

大闸蟹,派头大,
八只脚,横着爬。
阳澄湖里威风起,
两把大钳手中拿。
北风带来千丈绳,
将它大绑送万家。

乐行乐思

学着一边做动作一边朗读。

8. 太湖美

尹江河

太湖美，在山水，
东西山，水中会。
山上奇石亲兄弟，
水中珍珠好姐妹。

tài hú měi zài měi wèi
太湖美，在美味，

xiān sān bái nèn yòu féi
鲜三白，嫩又肥。

bái yú qīng zhēng bái xiā zhǔ
白鱼清蒸白虾煮，

yín yú chǎo dàn xiāng qì mǎn táng fēi
银鱼炒蛋香气满堂飞。

乐行乐思

你知道太湖里还有哪些好东西吗？

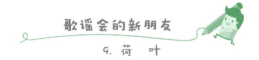

9. 荷 叶

周丽言

满池的荷叶在商量，
要为我做件新衣裳。
就像那荷花一样美，
还能把诗意穿身上。

读诗歌学会停顿，读起来就好听。

歌谣会的新朋友

10. 秋天

叶知秋

白霜来了，秋天献出了一幅五彩的画。
西风来了，秋天献出了一场迷人的舞。
大雁来了，秋天献出了一曲欢乐的歌。
我们来了，秋天献出了一堆丰收的果。

要把每一行中不一样的词语读得重一点。

11. 雨声

闻天宇

淅沥沥，淅沥沥，
春雨如丝随风扬。
哗啦啦，哗啦啦，
大雨如注满荷塘。
滴答答，滴答答，
秋雨绵绵瓜果香。

要有轻有重，有快有慢，读出不同的下雨声。

歌谣会的新朋友

12. <ruby>小<rt>xiǎo</rt></ruby> <ruby>河<rt>hé</rt></ruby>

<ruby>叶<rt>yè</rt></ruby> <ruby>圣<rt>shèng</rt></ruby> <ruby>陶<rt>táo</rt></ruby>

<ruby>小<rt>xiǎo</rt></ruby> <ruby>河<rt>hé</rt></ruby> <ruby>小<rt>xiǎo</rt></ruby> <ruby>河<rt>hé</rt></ruby> <ruby>向<rt>xiàng</rt></ruby> <ruby>东<rt>dōng</rt></ruby> <ruby>流<rt>liú</rt></ruby>，
<ruby>流<rt>liú</rt></ruby> <ruby>呀<rt>ya</rt></ruby> <ruby>流<rt>liú</rt></ruby> <ruby>呀<rt>ya</rt></ruby> <ruby>不<rt>bù</rt></ruby> <ruby>回<rt>huí</rt></ruby> <ruby>头<rt>tóu</rt></ruby>。
<ruby>小<rt>xiǎo</rt></ruby> <ruby>河<rt>hé</rt></ruby> <ruby>小<rt>xiǎo</rt></ruby> <ruby>河<rt>hé</rt></ruby> <ruby>流<rt>liú</rt></ruby> <ruby>得<rt>de</rt></ruby> <ruby>快<rt>kuài</rt></ruby>，
<ruby>快<rt>kuài</rt></ruby> <ruby>啊<rt>a</rt></ruby> <ruby>快<rt>kuài</rt></ruby> <ruby>啊<rt>a</rt></ruby> <ruby>到<rt>dào</rt></ruby> <ruby>大<rt>dà</rt></ruby> <ruby>海<rt>hǎi</rt></ruby>。
<ruby>大<rt>dà</rt></ruby> <ruby>海<rt>hǎi</rt></ruby> <ruby>大<rt>dà</rt></ruby> <ruby>海<rt>hǎi</rt></ruby> <ruby>风<rt>fēng</rt></ruby> <ruby>景<rt>jǐng</rt></ruby> <ruby>好<rt>hǎo</rt></ruby>，
<ruby>说<rt>shuō</rt></ruby> <ruby>不<rt>bù</rt></ruby> <ruby>完<rt>wán</rt></ruby> ， <ruby>看<rt>kàn</rt></ruby> <ruby>不<rt>bú</rt></ruby> <ruby>够<rt>gòu</rt></ruby>。

乐行乐思

和小朋友一起，一行一行轮流读。

13. 雪花

叶圣陶

窗外雪花飞满天，
树上地上白一片。
弟弟说它好像糖，
妹妹说它好像盐。
不是糖，不是盐，
雪花不甜也不咸。

说说雪花还像什么？

14. 海

叶圣陶

天连海，海连天，
海天一片不见边。
浪头山样高，
浪花雪样白。
浪头接浪头，
涌去又涌来。

有机会去看看大海是不是这样的。

15. 小鸡

叶圣陶

小小房子，
没有窗子。
黄毛小东西，
睡在房子里。
开门走出来，
叫声"叽叽叽"。

"黄毛小东西"说的是谁呀？你见过吗？

歌谣会的新朋友

16. 燕子

叶圣陶

燕子尾巴像剪刀，
燕子飞低又飞高，
一会儿低低地贴着地面，
一会儿高高地飞过树梢。

前两行和后两行停顿不一样，试着读读看。

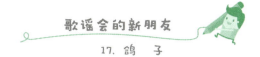

17. 鸽子

叶圣陶

鸽子，鸽子，请你带着我飞，
飞到空中，打着圈儿转几回。
我要看看栽下的千棵万棵树，
我要看看绿化的家乡有多美。

鸽子飞到空中还能看到什么？

歌谣会的新朋友

18. 满园菜

叶圣陶

满园青菜，
又肥又可爱。
哥哥来，采青菜。
姐姐来，洗青菜。
妈妈来，煮青菜。
大家来，吃青菜。

跟着大人到菜场、菜地去，多认识几种菜。

19. 柳树条

叶圣陶

摇,摇,摇,柳树条。
柳条绿,柳条长,满地菜花黄。

黄菜花,谁都爱。
蜜蜂也飞来,蝴蝶也飞来。

歌谣会的新朋友

tā men dōu wèi ài huā lái
它们都为爱花来，
fēi jìn huā cóng bù fēi kāi
飞进花丛不飞开。

爱花的还有谁？

20. 十个好朋友

叶圣陶

我有十个好朋友，
不吃饭也不喝茶，
没有脚也没有手，
早上帮我洗脸儿，
晚上帮我解纽扣。

你认识这十个好朋友吗？

歌谣会的新朋友

21. 堆雪人

叶圣陶

大家捧雪做雪人，
身子大，肚儿圆。
妹妹对着雪人说：
"好笑，好笑，真好笑，
你有眼睛和鼻子，
怎么没有长眉毛？"

你见过的雪人是什么样的？

22. 不吃零食

任忻乙

八宝粥,白米饭,大碗面。
一日三餐,定时定量,最是好习惯。

吃零食,不卫生,又花钱。
一年四季,不想不买,最是好少年。

有零钱,买好书,或捐献,
一生百年,克勤克俭,最是能走远。

只要坚持,一定能做到。

23. 小球星

习相远

寒风呼呼吹,百鸟已归巢。
傍晚小区篮球场,群星在闪耀。

别看他们小,希望在年少。
几个冬夏苦练后,看我儿童号。

自古英雄出少年。

24. 炒芝麻

熊闰芳

芝麻芝麻你不要炸,
我跟哥哥说句话,
啥时候带我去采枇杷。

芝麻芝麻你不要炸,
我跟姐姐说句话,
啥时候带我去采新茶。

歌谣会的新朋友

zhī ma zhī ma nǐ bú yào zhà
芝 麻 芝 麻 你 不 要 炸，
wǒ gēn bà ba shuō jù huà
我 跟 爸 爸 说 句 话，
shá shí hou dài wǒ qù mǎi xī guā
啥 时 候 带 我 去 买 西 瓜。

zhī ma zhī ma nǐ bú yào zhà
芝 麻 芝 麻 你 不 要 炸，
wǒ gēn mā ma shuō jù huà
我 跟 妈 妈 说 句 话，
shá shí hou dài wǒ qù wài pó jiā
啥 时 候 带 我 去 外 婆 家。

乐行乐思

与同学轮着一段一段地朗读。

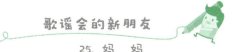

25. 妈妈

曹月娥

妈妈天天守候在家,
陪着宝宝渐渐长大。
宝宝只要有点变化,
妈妈乐得见人就夸。

歌谣会的新朋友

wěi dà zǔ guó jiù xiàng mā ma
伟大祖国就像妈妈，
yì wàn ér nǚ huān jù yì jiā
亿万儿女欢聚一家。
ér nǚ zhǎng dà yí dìng bào dá
儿女长大一定报答，
gòng tóng dǎ ban piào liang mā ma
共同打扮漂亮妈妈！

乐行乐思

大声朗读给妈妈听。

26. 老师

张灯夫

看，我们的老师就这么神奇！

我们自信，就因为老师一个字谜；

我们聪明，就因为老师一个游戏；

我们坚强，就因为老师一个故事；

我们向前，就因为老师一个手势；

我们起飞，就因为老师一个鼓励。

嘿，谁不想做一个神奇的好老师！

为神奇的好老师点赞！

歌谣会的新朋友

27. 大树

夏至诚

大树好像一座山，
山头鸟儿叫得欢。
宝宝钻到山洞里，
还能看看一线天。

27. 大树

风吹雨打千百年，
树皮只剩一条线。
根把活水向上送，
叶把阳光向下传。

有了这条生命线，大树就能顽强地生长！

歌谣会的新朋友

28. 眼镜

宁芳菲

我家眼镜真奇妙,
各说各的不一样。
爷爷看报戴上它,
就说小字变得很清爽。
爸爸出门戴上它,
就说夏天不怕太阳光。

歌谣会的新朋友

28. 眼　镜

<pre>
jiě jie de yǎn jìng zhǐ yǒu kuāng
姐   姐   的 眼   镜   只   有   框，
tā shuō dài shàng jiù huì gèng piào liang
她 说   戴   上   就   会   更   漂   亮。
yé ye de yǎn jìng wǒ dài shàng
爷 爷 的 眼   镜   我 戴   上，
lì kè shū yě huàng lái bǐ yě huàng
立 刻 书   也 晃   来   笔 也 晃！
</pre>

乐行乐思

生活是多么美好，多么有趣！

29. 好宝宝

夏俊岚

我们都有一双有力的脚,
有脚就该自己跑。
路途不远不坐车,
这样才是好宝宝。

我们都有一双灵巧的手,
有手就该自己做。
穿衣吃饭收书包,
这样才是好宝宝。

29. 好宝宝

我们都有一个聪明的脑，
办法都该自己找。
找人找物找答案，
这样才是好宝宝。

小朋友，你是好宝宝吗？

30. 白鹭

薛后晴

蓝天下面白鹭飞,
白鹭下面有芦苇。
芦苇身边小鱼游,
小鱼四周小虾追。

30. 白鹭

小虾一见白鹭影，
拼命直往后面退。
后面白鹭等着它，
等着它来送美味。

看看白鹭长什么样，喜欢做什么。

歌谣会的新朋友

31. 上学 shàng xué

张益群 zhāng yì qún

雄鸡一声唱，
xióng jī yì shēng chàng
东方出太阳。
dōng fāng chū tài yáng
宝宝天天起得早，
bǎo bao tiān tiān qǐ de zǎo
从小学会穿衣裳。
cóng xiǎo xué huì chuān yī shang

刷牙洗洗脸，
shuā yá xǐ xi liǎn
吃饭喷喷香。
chī fàn pēn pēn xiāng
书包自己背背好，
shū bāo zì jǐ bēi bei hǎo
告别家人上学堂。
gào bié jiā rén shàng xué táng

歌谣会的新朋友

31. 上 学

lù shang bù tíng liú
路 上 不 停 留，
xiǎo xīn ràng chē liàng
小 心 让 车 辆。
yù dào tóng xué hé lǎo shī
遇 到 同 学 和 老 师，
wèn hǎo shēng yīn yào xiǎng liàng
问 好 声 音 要 响 亮。

dào xiào jìn jiào shì
到 校 进 教 室，
dú shū zhēng tóu yáng
读 书 争 头 羊。
ruò shì jiā li yǒu rén sòng
若 是 家 里 有 人 送，
xiào wài xià chē zǒu lù páng
校 外 下 车 走 路 旁。

告诉同学，你是怎么上学的。

歌谣会的新朋友

32. 老家 (lǎo jiā)

顾乡情 (gù xiāng qíng)

遥远乡下有我老家，
坐车一天才能到达。
那里大树绿色无涯，
树上鸟儿叽叽喳喳。

树下铺着丛丛野花，
清清小溪浮着野鸭。
涵洞长长水流哗哗，
身上背着黄土大坝。

32. 老 家

大坝边上红砖青瓦，
爷爷童年就住这家。
老家平时小鸟做伴，
我们清明才去看它。

爸爸妈妈一到老家，
转来转去很少说话。
我和姐姐非常快乐，
又唱又跳到处溜达。

你的老家在哪里？那儿有什么好玩的地方？

歌谣会的新朋友

33. 吸尘器

袁宇宙

从前的吸尘器,
妈妈喜欢它。
小小的个儿,
大大的脑瓜。
胖胖的肚子,
长长的尾巴。
它是妈妈的好舞伴,
家里的音乐家。

歌谣会的新朋友

33. 吸尘器

xiàn zài de xī chén qì
现 在 的 吸 尘 器，

biàn huà kě zhēn dà
变 化 可 真 大。

xiàng gè dà wū guī
像 个 大 乌 龟，

tiān tiān dì shang pá
天 天 地 上 爬。

huī chén zì jǐ zhǎo
灰 尘 自 己 找，

chōng diàn zì jǐ chā
充 电 自 己 插。

mā ma hǎo ài tā
妈 妈 好 爱 它，

wǒ yě ài shàng le tā
我 也 爱 上 了 它。

去家电商场找一找长尾巴的吸尘器。有像大乌龟的吸尘器吗？

34. 小石头

金羽剑

小石头摸出了大黑洞——
看到了蓝蓝的天,
吹到了微微的风,
它一身好轻松。

歌谣会的新朋友

34. 小石头

小石头飞上了大卡车——
离开了冷冷的山，
做上了甜甜的梦，
它满脸是笑容。

小石头跳进了水泥中——
铺成了宽宽的路，
看到了滚滚的轮，
它感到很光荣。

想一想小石头还能去哪里，还能做什么？

歌谣会的新朋友

35. 小羊羔

周晓敏

小羊咩咩叫，
最爱吃青草。
青草营养好，
个儿长得高。

35. 小羊羔

zhǎng gāo lì qi dà
长 高 力 气 大，

tóu shang shēng liǎng jiǎo
头 上 生 两 角。

liǎng jiǎo shēng de yìng
两 角 生 得 硬，

jiā yuán shǒu de láo
家 园 守 得 牢。

看到小羊羔，一定要把这首歌谣读给它听听。

歌谣会的新朋友

36. 油菜花

余 芸 海

油菜花,金色染,
一方方,一圈圈。
爷爷眯着眼睛笑,
今年又是丰收年。

歌谣会的新朋友

36. 油菜花

yóu rén lè　　pāi zhào piàn
游 人 乐 , 拍 照 片 ,
fēng er máng　cǎi mì tián
蜂 儿 忙 , 采 蜜 甜 。
hú dié lā zhe cài huā wǔ
蝴 蝶 拉 着 菜 花 舞 ,
wǔ chū yí gè dà huā yuán
舞 出 一 个 大 花 园 。

下次油菜花开了,小朋友们要记得去参观呀。

37. 小麦地

万家欢

小麦地,绿油油,
春雨洒,金穗抽。
布谷叫,机器收,
大车拉,上粮库。
麦田喜爱勤劳人,
幸福全靠一双手。

歌谣会的新朋友

37. 小麦地

小麦面,会魔术,
做美食,很可口。
拉面条,祝长寿,
庆团圆,蒸馒头。
千变万化说不完,
吃棒身体去战斗。

跟家里人一起读读,比一比谁读得更好。

歌谣会的新朋友

38. 水果朋友圈

韩酉桂

猕猴桃，穿绒袍，
找个朋友叫香蕉。

香蕉弯，两头尖，
找个朋友叫榴梿。

榴梿硬，浑身刺，
找个朋友砀山梨。

38. 水果朋友圈

dàng shān lí xiàng yuán qiú
砀 山 梨 ， 像 圆 球 ，
zhǎo gè péng you jiào shí liu
找 个 朋 友 叫 石 榴 。

shí liu zǐ tuán jié hǎo
石 榴 籽 ， 团 结 好 ，
zhǎo gè péng you zǐ pú tao
找 个 朋 友 紫 葡 萄 。

zǐ pú tao yí dà jiā
紫 葡 萄 ， 一 大 家 ，
zhǎo gè péng you hā mì guā
找 个 朋 友 哈 密 瓜 。

hā mì guā chū tiān shān
哈 密 瓜 ， 出 天 山 ，
zhǎo gè péng you jiào lóng yǎn
找 个 朋 友 叫 龙 眼 。

lóng yǎn ròu bái yòu nèn
龙 眼 肉 ， 白 又 嫩 ，
zhǎo gè péng you jiào qí chéng
找 个 朋 友 叫 脐 橙 。

 歌谣会的新朋友

脐橙黄，水分多，
找个朋友火龙果。

火龙果，热情高，
找个朋友猕猴桃。

在水果店里边读边看，水果们还有哪些好朋友？

39. 数八宝

王震亚

八宝粥,数八宝,
老少欢喜营养好。

桂圆肉,饱鼓鼓,
花生米,胖乎乎,
乌黑豆,圆溜溜,
藕莲子,清幽幽,

歌谣会的新朋友

大红枣，甜津津，
核桃仁，沟深深，

小豆红，闪闪亮，
大米白，粒粒香。

五谷杂粮大家爱，
人人受益保健康。

找找家里有哪些五谷杂粮。

40. 百花好

花想容

夏日荷花红艳艳，
冬日蜡梅金灿灿。
美丽花儿季季开，
芳香飘过一年年。

歌谣会的新朋友

樱花海棠紫玉兰，
茶花玫瑰野杜鹃。
百花盛开千色美，
共绘人间大画卷。

百花不同，百花都好！

41. 采莲直播间

刘利平

江南姑娘采莲去,
竹篙惊动荷下小仙鱼。
鱼儿跳起欢乐舞,
吐串泡泡打招呼。

歌谣会的新朋友

qīng tíng fēi lái zuò zhí bō
蜻 蜓 飞 来 做 直 播，
měi lì jǐng sè hú shàng shì quán qiú
美 丽 景 色 湖 上 示 全 球。
tiān yá hǎi jiǎo jìn qíng gòu
天 涯 海 角 尽 情 购，
xiǎo mǎ sòng dào jiā mén kǒu
小 马 送 到 家 门 口。

这个直播间是不是很有趣？

42. 小小故事会

姜雁飞

爷爷今年七十岁,
今又召开故事会。
大宝要讲大灰狼,
借口小羊弄脏水。
小宝要讲小白兔,
赛跑输给小乌龟。

歌谣会的新朋友

姐姐要讲大狐狸，
神气全借老虎威。
妹妹要讲小红帽，
巧用石块灭毛贼。
别急别急都来讲，
一个一个排好队。

先读几遍，再学着一边朗诵一边做动作。

大课堂

1. 欣赏身边榜样。小朋友读了不少歌谣，一定有很多内容给你留下了深刻的印象。和几位同学把印象比较深的歌谣背一背吧。

2. 赞美精彩表现。几位同学各有各的优秀之处。请大家说说他们每个人哪些地方诵读得好，然后学着他们表演一下。

3. 展示拿手好戏。每人都把前段时间自己背得最满意的一两首在学习小组里展示一下。背得好的，大家都要跟着学。

4. 推荐示范领读。各学习小组在刚才人人展示的基础上，分别推荐一名诵读得最好的同学到讲台前示范诵读一遍，随后全班同学再学着一起诵读一遍。

43. 无人机

姜小小

无人机,了不起,
再苦再累它都去。
快递用上无人机,
再也不怕风和雨。

43. 无人机

打仗用上无人机，
杀尽敌人保自己。
工厂用上无人机，
干事又快又顺利。
我要造台无人机，
专帮妈妈擦玻璃。

你想造一台什么样的无人机？打算让它专门做什么事呢？

歌谣会的新朋友

44. 小溪流
xiǎo xī liú

刘清香
liú qīng xiāng

小溪流，爱唱歌，
xiǎo xī liú, ài chàng gē

老家住在大山头。
lǎo jiā zhù zài dà shān tóu

春雨把它带下山，
chūn yǔ bǎ tā dài xià shān

蹦蹦跳跳向东走。
bèng bèng tiào tiào xiàng dōng zǒu

歌谣会的新朋友

44. 小溪流

gē shēng yǐn lái hǎo péng you
歌 声 引 来 好 朋 友,
màn màn huì chéng yì tiáo hé
慢 慢 汇 成 一 条 河。
bāng zhe xiǎo chuán qù lā huò
帮 着 小 船 去 拉 货,
bāng zhe lǎo rén qù tuī mò
帮 着 老 人 去 推 磨。

xià tiān zǒu dào dà hǎi kǒu
夏 天 走 到 大 海 口,
wú biān làng huā zài zhāo shǒu
无 边 浪 花 在 招 手。
xiǎo xī liú pū guò qù
小 溪 流,扑 过 去,
qīn zhe hǎi fēng chàng xīn gē
亲 着 海 风 唱 新 歌。

小溪流一路上做了什么,看到了什么?

069

45. "复兴号"动车组列车

张正官

她是白雪雕成的长龙,
龙的儿女依在她的怀抱中。
她是贴地飞跑的长龙,
越过千山万水就像一阵风。

歌谣会的新朋友
45. "复兴号"动车组列车

她是穿行夜空的长龙，
点亮万家灯火响起欢乐颂。
她是飞向世界的长龙，
一路追着太阳舞动中国红。

反复朗读这首儿歌，感受做中国娃娃的光荣。

歌谣会的新朋友

46. 小猴分西瓜

习为常

绿色西瓜圆滚滚，
小猴将它切切分。
先请长辈尝尝鲜，
再给邻居送上门。

46. 小猴分西瓜

gē ge jiě jie ràng dà kuài,
哥 哥 姐 姐 让 大 块,

xiǎo hóu zhǐ ná yì xiǎo fèn.
小 猴 只 拿 一 小 份。

dà jiā dōu kuā xiǎo hóu guāi,
大 家 都 夸 小 猴 乖,

cóng xiǎo dǒng dé ài tā rén.
从 小 懂 得 爱 他 人。

你喜欢这首歌谣中的哪一句?为什么?

47. 小鸟散步

拜莲云

清晨窗外静悄悄,
小鸟今儿起得早。
轻轻松松散着步,
脖子扭着伸缩操。

歌谣会的新朋友

47. 小鸟散步

yáng méi yì kē shù shang luò
杨 梅 一 颗 树 上 落，
xiǎo niǎo tū rán xià yí tiào
小 鸟 突 然 吓 一 跳。
yì pāi chì bǎng fēi shàng tiān
一 拍 翅 膀 飞 上 天，
zuān jìn lù biān dà shù shāo
钻 进 路 边 大 树 梢。

小鸟知道，要赶快离开危险的地方。

48. 杨梅歌

洪武越

暖风画江南，
雷雨常常见。
枇杷采尽几时过，
杨梅果儿鲜。

歌谣会的新朋友

48. 杨梅歌

tián shì dàn dàn tián
甜是淡淡甜，
suān shì wēi wēi suān
酸是微微酸。
wèi dào tè bié rén rén ài
味道特别人人爱，
xiāng jù gòng kuáng huān
相聚共狂欢。

幸福生活，人人共享。

歌谣会的新朋友

49. 小花猫

杨铭福

小花猫，爱爬树，
小狗追它有退路。
小花猫，爱习武，
学得本领抓老鼠。

歌谣会的新朋友

49. 小花猫

xiǎo huā māo ài dú shū
小 花 猫，爱 读 书，
àn duǒ méi huā zuò jì lù
按 朵 梅 花 做 记 录。
xiǎo huā māo ài jiāo yǒu
小 花 猫，爱 交 友，
zuǒ yòu lín jū gè gè shú
左 右 邻 居 个 个 熟。

小花猫真是好样的。

50. 小木桥

曹篮芳

湖边有座小木桥,
鱼儿嬉戏风光好。
祖孙走到桥中央,
宝宝不觉被绊倒。

歌谣会的新朋友

50. 小木桥

yé ye shuō yào zì jǐ zhàn
爷爷说要自己站，
yì páng kàn zhe bú dòng yáo
一旁看着不动摇。
bǎo bao màn màn zhàn qǐ lái
宝宝慢慢站起来，
tài yáng diǎn tóu shuǐ huān xiào
太阳点头水欢笑。

爷爷说得对，宝宝做得好。

歌谣会的新朋友

51. 枇杷谣

白玉品

翠翠枇杷树，
四季忙安家。
花开秋冬日，
果熟在初夏。

51. 枇杷谣

niàng mì sòng gěi nǐ
酿 蜜 送 给 你,
zuò gāo xiàn gěi tā
做 膏 献 给 他。
yè qù bèi miàn máo
叶 去 背 面 毛,
zhǐ ké pào pào chá
止 咳 泡 泡 茶。

枇杷树浑身都是宝啊!

歌谣会的新朋友

52. 天亮了

叶圣陶

鸡叫了,天亮了。
起来,起来,
快快起来。
我开窗。

52. 天亮了

我看见红红的太阳。

太阳，太阳，

你起得早。

昨天晚上，你在什么地方睡觉？

太阳天天睡得早，起得也早。

歌谣会的新朋友

53. 满天的星

叶圣陶

天空中，一眨一眨的，
可是谁的小眼睛？
你望见山河原野，
引起怎样的心情？
可望见我们的眼睛，
也同样地亮晶晶？

53. 满天的星

天空中,闪闪烁烁的,
可是钻石放光明?
摘下来做个项圈儿,
送给谁戴最欢迎?
偷偷地给姐姐戴上,
她可喜得吃一惊?

我们越想竟越远了,
大家抬头不出声。
那不是宝贵的钻石,
也不是谁的小眼睛,
东一簇密,西一簇稀,
原来是满天的星。

星星离我们很远很远，
谁知有多少路程。
可惜不能驾着飞船，
去做长途的旅行，
到了空中饱看一切，
回来说给姐姐听。

一边朗读歌谣，一边想象天上星星的样子吧。

54. 月光

叶圣陶

月光像牙色,
静静照中庭;
中庭一幅画,
横斜老树影。

歌谣会的新朋友

月光像青纱，
轻轻笼原野；
草木纱底睡，
梦里也安宁。

月光像流水，
泻在小溪上；
光随溪水流，
片片亮银鳞。

先去看看月光下的院子、田野、小河，再回家朗读歌谣吧。

55. 星

叶圣陶

亮晶晶,亮晶晶,
在无边的蓝天,
星儿眨着眼睛。
一簇密,一簇稀,
它们成群结伴,
在做什么游戏?

歌谣会的新朋友

wǒ men tái tóu wàng
我们抬头望，
wǒ men yě zhǎ yǎn jing
我们也眨眼睛。
tā men kàn xià lái
它们看下来，
kě yě liàng jīng jīng
可也亮晶晶？

wǒ men péng you duō
我们朋友多，
cháng zài yì qǐ yóu xì
常在一起游戏，
lùn qǐ qíng fèn lái
论起情分来，
gāi bǐ tā men gèng qīn
该比它们更亲。

和家人一起边看星星边诵读吧。

56. 云

叶圣陶

停云布满了天，
像个人板着副愁脸。
厚厚的，低低的，
仿佛要压着你的眉尖。

行云刻刻变幻，
变成的图画幅幅新鲜。
你可以随意想象，
像人，像马，像海岸，像山岩。

你若住在高山，
云常穿帘入户和你玩。
有时候它在你脚下，
展开一片云海望不到边。

抬头看看"停云"和"行云"都是什么样的。

57. 天空的云

叶圣陶

慢慢地走过天空的云,
就像一个白衣的老人。
白发白须这样飘呀飘,
抬着头不知为何出神。

歌谣会的新朋友

一会儿老人变成冰岛,
无边的碧海四周围绕。
仿佛看见打猎的雪车,
有几头白熊正在奔跑。

冰岛又变成一缕白烟,
左转右折尽这么回旋。
再变什么实在难料定,
累我一眼不眨望着天。

天空的云太有趣了,你也要读得一样有趣。

58. 小人国 (xiǎo rén guó)

叶圣陶 (yè shèng táo)

小人国里样样小，
说给你听不要笑。
只要买到一尺布，
可做衣裳四五套。
细丝带子两寸长，
束腰三围不嫌少。

歌谣会的新朋友

fáng zi zhǐ yǒu niǎo lóng dà
房 子 只 有 鸟 笼 大，
huǒ chái hé li hǎo shuì jiào
火 柴 盒 里 好 睡 觉。
mǎ er xiàng zhī xiǎo qīng wā
马 儿 像 只 小 青 蛙，
shù lín bú guò yì cóng cǎo
树 林 不 过 一 丛 草。
xiǎo rén dǎ liè jìn shù lín
小 人 打 猎 进 树 林，
zhuō gè xiǎo chóng chī yì bǎo
捉 个 小 虫 吃 一 饱。

小人国究竟有多小呀？

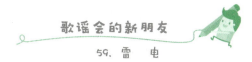

59. 雷电

叶圣陶

抽金线,
抽银线,
一会儿穿云曲几曲,
一会儿消失全不见。
忽然一亮光耀眼,
抬起头来忙看天。

歌谣会的新朋友

gǔ shēng xiǎng
鼓声响，
gǔ shēng qīng
鼓声轻，
yí huìr yuǎn zài nóng yún wài
一会儿远在浓云外，
yí huìr jìn de dāng tóu dǐng
一会儿近得当头顶。
hū rán yì shēng xiàng shān dǎo
忽然一声像山倒，
yǎn zhù ěr duo bù gǎn tīng
掩住耳朵不敢听。

闪电和雷是夏日的淘气王呢！

60. 天上的桥

叶圣陶

虹呀,天上的桥!
圆弧架空长又长,
谁的手段这样巧?
红、橙、黄、绿、青、蓝、紫,
何来宝石这样好?

歌谣会的新朋友

虹呀，天上的桥！
登桥下望地球面，
山海风景定奇妙。
谁能借我氢气球，
让我登桥看个饱？

歌谣会的新朋友

60. 天上的桥

hóng ya　　tiān shàng de qiáo
虹 呀， 天 上 的 桥！
zhuǎn yǎn hū rán bú jiàn liǎo
转 眼 忽 然 不 见 了，
lèi wǒ tái tóu yí zhèn zhǎo
累 我 抬 头 一 阵 找。
quán méi yún zhē hé wù yǎn
全 没 云 遮 和 雾 掩，
nǎ lǐ qù le shéi zhī dào
哪 里 去 了 谁 知 道？

彩虹，天上的桥，多么美丽，多么神奇！

61. 风

叶圣陶

谁也没有看见过风,
不用说我和你了。
但是树叶颤动的时候,
我们知道风在那儿了。

歌谣会的新朋友

61. 风

shéi yě méi yǒu kàn jiàn guo fēng
谁也没有看见过风，
bú yòng shuō wǒ hé nǐ le
不用说我和你了。
dàn shì lín mù diǎn tóu de shí hou
但是林木点头的时候，
wǒ men zhī dào fēng zǒu guò le
我们知道风走过了。

shéi yě méi yǒu kàn jiàn guo fēng
谁也没有看见过风，
bú yòng shuō wǒ hé nǐ le
不用说我和你了。
dàn shì hé shuǐ qǐ bō de shí hou
但是河水起波的时候，
wǒ men zhī dào fēng lái yóu xì le
我们知道风来游戏了。

你还知道风在哪里？你是怎么知道的？

105

歌谣会的新朋友

62. 初春的风

叶圣陶

扑面吹来初春的风，
虽然还冷却并不凶。
在田野里我们奔跑，
一股暖气爬上背胸。

歌谣会的新朋友

62. 初春的风

扑面吹来初春的风，
群山睡着还像去冬。
却有一些绿的意思，
山腰绝淡山顶较浓。

扑面吹来初春的风，
桃枝柳条谁加了工？
细的颗粒点缀遍了，
不久就将叶绿花红。

轻轻地、慢慢地朗读，想象细细的、柔柔的、暖暖的风。

歌谣会的新朋友

63. 花香

叶圣陶

荷花开来满池塘，
红红白白好风光。
成群蜜蜂来又去，
辛勤采蜜好繁忙。

63. 花 香

青蛙昂头问蜜蜂：
"你们住在树林中，
怎知这里花正盛。
谁传消息快如风？"

"花开花香传得远，
一路迎香到池塘。
别说树林离得近，
就是五里也无妨。"

 歌谣会的新朋友

"荷花池塘是我家，
从没闻过香荷花。
请你教我闻香法，
不枉朝暮伴荷花。"

"只能告你花有香，
教你闻香忙难帮。"
蜜蜂说罢匆匆去，
又向荷花心里藏。

 乐行乐思

花儿飘香的时候，看看蜜蜂怎样地繁忙。

64. 河上

叶圣陶

柳条长长地垂着,
河心倒影绿成堆。
轻风吹过影摇动,
白云青天露微微。

浮萍簇聚在一旁，
开得小花色桂黄。
为甚忽然花打战？
鱼儿叶底捉迷藏。

小小青蛙坐浮萍，
瞪眼昂头不作声。
它看什么谁知道，
是否看那红蜻蜓？

64. 河 上

hóng qīng tíng qù cuì niǎo lái
红 蜻 蜓 去 翠 鸟 来，
yàn zi jiǎn shuǐ yòu fēi kāi
燕 子 剪 水 又 飞 开。
hé shang fēng guāng miáo bú jìn
河 上 风 光 描 不 尽，
hé biān xiǎo lì hǎo kāi huái
河 边 小 立 好 开 怀。

河上都有些什么？朗读歌谣来回答。

歌谣会的新朋友

65. 秋天的早上

<small>叶圣陶</small>

红一抹，蓝一抹，
谁画这天空中的画图？
一颗颗，亮晶晶，
谁装这草叶上的珍珠？

歌谣会的新朋友
65. 秋天的早上

这边也唱，那边也唱，
哪来的这些音乐家？
野菊抬头望着牵牛，
它们在说些什么话？

挑担子的妇人快步行走，
她往哪块田里去送早饭？
等吃饭的农民早起下地，
不知已经流了汗水多少？

秋天的早上很美，劳动的人们很快乐。一边读一边体会吧。

66. 池塘

叶圣陶

小小的池塘,
变作了平平的明镜。
不起鱼鳞似的水波,
只见整块儿的水晶——
昨夜北风紧,
池面结了冰。

歌谣会的新朋友

66. 池　塘

xiǎo xiǎo de chí táng
小 小 的 池 塘，
biàn zuò le píng píng de míng jìng
变 作 了 平 平 的 明 镜。
shì xún shú shi le de yú er
试 寻 熟 识 了 的 鱼 儿，
nǎ yǒu yì diǎnr de zōng yǐng
哪 有 一 点 儿 的 踪 影——
rú jīn wǒ hé tā men
如 今 我 和 它 们，
yǐ gé zhe yì céng bīng
已 隔 着 一 层 冰。

　　认真读读这首歌谣，想想两段文字里的"明镜"有什么不同。

歌谣会的新朋友

67. 萤火虫

叶圣陶

萤火虫，点灯笼，
飞到西，飞到东。
飞到小河边，小鱼正做梦。
飞到树林里，小鸟睡得浓。

67. 萤火虫

fēi guò zhāng jiā qiáng　zhāng jiā jiě jie máng cái féng
飞过张家墙，张家姐姐忙裁缝。
fēi guò lǐ jiā qiáng　lǐ jiā gē ge zuò yè gōng
飞过李家墙，李家哥哥做夜工。
yíng huǒ chóng　yíng huǒ chóng
萤火虫，萤火虫，
hé bù fēi shàng tiān　zuò gè xīng xing guà tiān kōng
何不飞上天，做个星星挂天空？

这些长长短短的句子，可以两行两行地读，注意节奏的变化。

68. 蜗牛看花

叶圣陶

墙顶开朵小红花,
墙下蜗牛去看花。
这条路程并不短,
背着壳儿向上爬。
壳儿虽小好藏身,
不怕风吹和雨打。

68. 蜗牛看花

pá de lèi le xiē yí huì
爬得累了歇一会，
tái tóu bú dòng hǎo xiàng shǎ
抬头不动好像傻。
pá pá xiē xiē sān tiān bàn
爬爬歇歇三天半，
cái dào qiáng dǐng kàn dào huā
才到墙顶看到花。
wú shù huā kāi duǒ duǒ hóng
无数花开朵朵红，
yì qí xiào liǎn yíng jiē tā
一齐笑脸迎接它。

蜗牛在看花的路上累吗？开心吗？

歌谣会的新朋友

69. 燕子飞

叶圣陶

燕子尾巴像剪刀,
不剪花朵和柳条。
忽然低飞向河面,
剪碎河波又飞高。

69. 燕子飞

燕子为何这般忙，
才进屋来又出窗。
一条黑影空中去，
闪过东家白粉墙。

这首歌谣可以读得稍微快一点，试试看。

70. 金鱼

叶圣陶

看金鱼,大家来。

看金鱼,大家来。

红金鱼,鲜红有光彩。

白金鱼,白玉一样白。

朝天龙,眼睛往上抬。

70. 金鱼

珍珠鱼，珍珠满身戴。
一张嘴巴闭又开，
大尾巴，摆呀摆，
游来游去逗人爱。

带着这首歌谣去看看金鱼到底有多可爱吧。

歌谣会的新朋友

71. 青蛙

叶圣陶

青蛙初生在水里，
成群结队挤呀挤，
个个乌黑小身体，
拖个尾巴针样细。
后来长出四条腿，
缩掉尾巴穿新衣，
还是能在水里游，
地上蹦跳也便利。

71. 青 蛙

<small>xīn yī qīng qīng zhēn měi lì</small>
新衣青青真美丽，
<small>jiào shēng guā guā lǎo bù xī</small>
叫声呱呱老不息，
<small>jìn chī hài chóng bǎo zhuāng jia</small>
尽吃害虫保庄稼，
<small>qīng wā gōng láo liǎo bu qǐ</small>
青蛙功劳了不起。

青蛙小时候有哪些变化？你还读过哪些关于青蛙的歌谣呢？

歌谣会的新朋友

72. 瀑布

叶圣陶

还没看见瀑布,
先听见瀑布的声音,
好像叠叠的浪涌上岸滩,
又像阵阵的风吹过松林。

72. 瀑 布

山路忽然一转，
啊！望见了瀑布的全身！
这般景象没法比喻，
千丈青山衬着一道白银。

站在瀑布脚下仰望，
好伟大呀，一座珍珠的屏！
时时吹来一阵风，
把它吹得如烟，如雾，如尘。

先听大人读，自己再学着读，慢慢体会瀑布不同的样子。

歌谣会的新朋友

73. 蒲公英

叶圣陶

"小小的蒲公英,
金发的姑娘,
现在是秋天了,
你将怎么样?"

"时光过得真快,
转眼交了秋,
我就要老了,
我将白了头发。

73. 蒲公英

"可是，
我的白发飘向哪里，
明年，
哪里又见金发的姑娘。

"白头转成金发，
金发转成白头，
一年又一年，
就这样地轮流。"

和小伙伴一节一节轮流读，想想蒲公英的变化。

歌谣会的新朋友

74. 春风来

叶圣陶

春风来，梅花开。
梅花开，阵阵香，
好像姐姐的香蜜那样香。

春风来，茶花开。
茶花开，满树红，
好像弟弟的新衣那样红。

74. 春风来

chūn fēng lái   táo huā kāi
春风来，桃花开。
táo huā kāi   duǒ duǒ měi
桃花开，朵朵美，
hǎo xiàng mèi mei de liǎnr   nà yàng měi
好像妹妹的脸儿那样美。

多认识几种花，说说它们像什么。

歌谣会的新朋友

75. 春花

叶圣陶

几阵春风,
吹开了春花。
李花满树雪,
杏花淡粉搽。
桃花海棠连成片,
宛如天边的云霞。
花开花欢喜,
一朵花一个笑脸。

75. 春花

李花笑，默不作声，
杏花笑，带些羞惭。
桃花笑，海棠笑，
像喝了美酒多盏。
千万个笑脸，
做成个笑的春天。

在家里开一次"春天的歌谣"朗诵会，一起赞美春天。

歌谣会的新朋友

76. 菊花开了

叶圣陶

菊花不曾开的时候，
我常常对着花蕾想：
颗颗绿色的东西开出来，
有各种的颜色和形状，
谁在那里安排，
谁在那里主张？

歌谣会的新朋友

76. 菊花开了

现在菊花开了，
我又对着花儿想：
这种颜色图画画不成，
这种形状手工做不像，
谁在那里安排，
谁在那里主张？

秋日里，去仔细看看菊花不曾开时和开了以后分别是什么样的。

77. 向日葵

叶圣陶

向日葵,
花儿黄。
头戴大草帽,
身穿绿衣裳。
它的根底深,
骨干更坚强。
大风面前不弯腰,
顶天立地有方向。

77. 向日葵

tài yáng dōng fāng chū
太阳东方出，
tā miàn xiàng dōng fāng
它面向东方。
tài yáng xī fāng luò
太阳西方落，
tā xiàng xī fāng wàng
它向西方望。
tā shì huā zhōng de yīng xióng hàn
它是花中的英雄汉，
yì kē xīnr xiàng tài yáng
一颗心儿向太阳。

要努力读得坚定有力，体现出向日葵的特点。

歌谣会的新朋友

78. 几种树

叶圣陶

杨树直挺几丈高，
柳树倒挂细枝条。
银杏叶子像扇子，
香椿叶子像羽毛。

歌谣会的新朋友

78. 几种树

táo　shù　xìng　shù　kāi　huā　zǎo
桃 树 杏 树 开 花 早，
mǎ　yīng　kāi　huā　chūn　xià　jiāo
马 缨 开 花 春 夏 交。
sōng　shù　bǎi　shù　cháng　nián　lǜ
松 树 柏 树 常 年 绿，
fēng　shù　qiū　lái　hóng　yè　piāo
枫 树 秋 来 红 叶 飘。

歌谣中的这些树你认识哪几种？你还认识哪些树？

歌谣会的新朋友

79. 小时表

叶圣陶

我有一个小时表,
脸儿圆圆总是笑,
日夜唱歌不停歇,
嘀嗒嘀嗒声轻巧。

79. 小时表

每天我都用着它，
清晨起身常很早，
做事有它来提醒，
到校从来不迟到。
我能爱惜好时光，
应该谢谢小时表。

小时表好在哪里？你现在还有吗？

歌谣会的新朋友

80. 欢迎新朋友

叶圣陶

欢迎，欢迎，欢迎，
欢迎各位新朋友！
今天我们新见面，
大家过来拉拉手。

歌谣会的新朋友

80. 欢迎新朋友

wǒ men cóng cǐ zài yì qǐ
我们从此在一起，
xiāng qīn xiāng ài xiāng bāng zhù
相亲，相爱，相帮助，
tóng shuō tóng xiào tóng xíng zǒu
同说，同笑，同行走。
huān yíng huān yíng huān yíng
欢迎，欢迎，欢迎，
huān yíng gè wèi xīn péng you
欢迎各位新朋友！

去和班里的新朋友拉拉手，一起读读这首歌谣吧。

歌谣会的新朋友

81. 看错了 (kàn cuò le)

叶圣陶 (yè shèng táo)

墙上有只钉，(qiáng shang yǒu zhī dīng)
让我挂个瓶。(ràng wǒ guà gè píng)
不好了，(bù hǎo le)
飞去了那只钉，(fēi qù le nà zhī dīng)
跌破了我的瓶。(diē pò le wǒ de píng)
原来不是钉，(yuán lái bú shì dīng)
是只小蜻蜓。(shì zhī xiǎo qīng tíng)

歌谣会的新朋友

81. 看错了

<ruby>看<rt>kàn</rt></ruby>，<ruby>那<rt>nà</rt></ruby> <ruby>边<rt>bian</rt></ruby> <ruby>白<rt>bái</rt></ruby> <ruby>墙<rt>qiáng</rt></ruby> <ruby>上<rt>shang</rt></ruby>，
<ruby>也<rt>yě</rt></ruby> <ruby>有<rt>yǒu</rt></ruby> <ruby>一<rt>yì</rt></ruby> <ruby>只<rt>zhī</rt></ruby> <ruby>小<rt>xiǎo</rt></ruby> <ruby>蜻<rt>qīng</rt></ruby> <ruby>蜓<rt>tíng</rt></ruby>。
<ruby>让<rt>ràng</rt></ruby> <ruby>我<rt>wǒ</rt></ruby> <ruby>走<rt>zǒu</rt></ruby> <ruby>过<rt>guò</rt></ruby> <ruby>去<rt>qù</rt></ruby>，
<ruby>伸<rt>shēn</rt></ruby> <ruby>手<rt>shǒu</rt></ruby> <ruby>扑<rt>pū</rt></ruby> <ruby>蜻<rt>qīng</rt></ruby> <ruby>蜓<rt>tíng</rt></ruby>。
<ruby>不<rt>bù</rt></ruby> <ruby>好<rt>hǎo</rt></ruby> <ruby>了<rt>le</rt></ruby>，
<ruby>手<rt>shǒu</rt></ruby> <ruby>心<rt>xīn</rt></ruby> <ruby>痛<rt>tòng</rt></ruby> <ruby>得<rt>de</rt></ruby> <ruby>很<rt>hěn</rt></ruby>。
<ruby>原<rt>yuán</rt></ruby> <ruby>来<rt>lái</rt></ruby> <ruby>这<rt>zhè</rt></ruby> <ruby>是<rt>shì</rt></ruby> <ruby>一<rt>yì</rt></ruby> <ruby>只<rt>zhī</rt></ruby> <ruby>钉<rt>dīng</rt></ruby>。

歌谣里的"我"看错了什么？有趣吗？

歌谣会的新朋友

82. 接力赛跑

叶圣陶

一，二，三，
我拔脚就跑。
脚尖点地轻快，
小旗迎风飘摇。
我一直向前，向前，
不迟延一秒半秒。

歌谣会的新朋友

82. 接力赛跑

<ruby>我<rt>wǒ</rt></ruby> <ruby>是<rt>shì</rt></ruby> <ruby>同<rt>tóng</rt></ruby> <ruby>伴<rt>bàn</rt></ruby> <ruby>里<rt>li</rt></ruby> <ruby>的<rt>de</rt></ruby> <ruby>一<rt>yí</rt></ruby> <ruby>个<rt>gè</rt></ruby>,
<ruby>应<rt>yīng</rt></ruby> <ruby>该<rt>gāi</rt></ruby> <ruby>尽<rt>jìn</rt></ruby> <ruby>力<rt>lì</rt></ruby> <ruby>快<rt>kuài</rt></ruby> <ruby>跑<rt>pǎo</rt></ruby>,<ruby>快<rt>kuài</rt></ruby> <ruby>跑<rt>pǎo</rt></ruby>。
<ruby>我<rt>wǒ</rt></ruby> <ruby>和<rt>hé</rt></ruby> <ruby>一<rt>yì</rt></ruby> <ruby>组<rt>zǔ</rt></ruby> <ruby>的<rt>de</rt></ruby> <ruby>胜<rt>shèng</rt></ruby> <ruby>败<rt>bài</rt></ruby> <ruby>相<rt>xiāng</rt></ruby> <ruby>关<rt>guān</rt></ruby>,
<ruby>不<rt>bú</rt></ruby> <ruby>要<rt>yào</rt></ruby> <ruby>牵<rt>qiān</rt></ruby> <ruby>累<rt>lěi</rt></ruby> <ruby>了<rt>le</rt></ruby> <ruby>同<rt>tóng</rt></ruby> <ruby>伴<rt>bàn</rt></ruby> <ruby>才<rt>cái</rt></ruby> <ruby>好<rt>hǎo</rt></ruby>。
<ruby>我<rt>wǒ</rt></ruby> <ruby>跑<rt>pǎo</rt></ruby> <ruby>完<rt>wán</rt></ruby> <ruby>了<rt>le</rt></ruby>,<ruby>把<rt>bǎ</rt></ruby> <ruby>旗<rt>qí</rt></ruby> <ruby>子<rt>zi</rt></ruby> <ruby>递<rt>dì</rt></ruby> <ruby>给<rt>gěi</rt></ruby> <ruby>第<rt>dì</rt></ruby> <ruby>二<rt>èr</rt></ruby> <ruby>人<rt>rén</rt></ruby>,
<ruby>我<rt>wǒ</rt></ruby> <ruby>心<rt>xīn</rt></ruby> <ruby>里<rt>lǐ</rt></ruby> <ruby>想<rt>xiǎng</rt></ruby>:"<ruby>希<rt>xī</rt></ruby> <ruby>望<rt>wàng</rt></ruby> <ruby>你<rt>nǐ</rt></ruby> <ruby>也<rt>yě</rt></ruby> <ruby>快<rt>kuài</rt></ruby> <ruby>跑<rt>pǎo</rt></ruby>,<ruby>快<rt>kuài</rt></ruby> <ruby>跑<rt>pǎo</rt></ruby>!"

诵读歌谣,跟小朋友玩一次接力赛跑。

歌谣会的新朋友

83. 放风筝

叶圣陶

竹做骨架纸做背，
不用翅膀天上飞。
飘飘摇摇飞得高，
小鸟对它笑哈哈。

83. 放风筝

"你不怕风吹，
你不怕日晒，
你可怕雷电，
你可怕雨打？"

"不怕，不怕，
都不怕，
大雨没到来，
我已经回家！"

你放过风筝吗？你放的风筝是什么样的？

歌谣会的新朋友

84. 远足歌

叶圣陶

看得多,
见得广。
多跑几里路,
多到几个地方。
我们结队远足去,
行行歇歇莫慌忙。

84. 远足歌

听听鸟儿的叫声，
辨辨树木的形状。
遇见小朋友、老大哥、
大嫂子、老公公，
和他们谈谈彼此的情况。
我们远足兴趣多，
编个歌儿齐声唱。

朗读歌谣，想想过去远足的快乐情景。

85. 蚂蚁

叶圣陶

有只蚂蚁跑得快，
一本正经头不抬，
忽然闻到好味道，
口水顿时流出来。
看见一只粉蝶儿，
半死不活草旁挨。
这顿吃食不放过，
须得去找朋友来。

85. 蚂 蚁

抬头四望急急跑，
一路左转又右拐，
遇见朋友说一声，
朋友个个笑颜开。
"有顿吃食在那边，
咱们合作一起抬！"

 歌谣会的新朋友

大伙排队成单行，
到了那儿就散开，
你来翅膀我来腿，
一起来把粉蝶抬。
赶来的蚂蚁更加多，
一会儿抬进窝里来。

蚂蚁合作得多好，把那么重的东西不费力地抬回了家！

 **大课堂**

1. **怎样最好。** 请小朋友看"争当'最美乐读者'",听老师读读里面的内容,讲讲考评成绩最好的标准是什么,怎样来考评。特别要听清楚"正确、流利、有感情、有个性"四个方面的具体要求。

2. **看老师评。** 老师指定一个小朋友背诵自己充分准备的四首歌谣,然后从四个方面逐一做示范点评打分。

3. **一起来评。** 请一个小朋友抽签背诵四首歌谣,老师再引导小朋友们对照标准共同进行评价打分。

4. **我们试试。** 在老师的指导下,学习小组尝试对本小组的一个组员进行面试,由组长主持,其他人当考官。

歌谣会的新朋友

争当"最美乐读者"

整本书读完，小朋友们要主动申请参加最后的阅读考评。考评分三步：

一、自导自演（共40分）。小朋友自主选择本学期诵读得最好的4首歌谣进行表演，事先可以请其他人给予指导或参与表演，通过精心准备，呈现最好的自我。

二、抽签背诵（共40分）。每个题签上有4首歌谣的题目。小朋友自己抽取题签，按照题目现场背诵。这一环节全部独立完成。

三、抽签朗读（共20分）。每个题签上有4首歌谣。小朋友自己抽取题签，按照内容现场进行看稿朗读。

以上三项面试的基本标准是正确、流利、有感情、有个性。第一、二两项面试每个标准的满分为10分，第三项面试每个标准的满分为5分。

面试总分100分。小朋友们如果得到80分以上，就可以获得"最美乐读者"的光荣称号，受到表彰！